MEIS ET AMICIS.

Faculté de Droit de Toulouse.

ANNEE SCOLAIRE 1850—51.

THÈSE

POUR LA LICENCE,

EN EXÉCUTION DE L'ART, 4, TIT· 2, DE LA LOI DU 22 VENTOSE AN 12

SOUTENUE

PAR M· FRÉDÉRIC CARGUE ,

Né a Saint- Gaudens. (Haute-Garonne.)

JUS ROMANUM.

INSTIT. — TIT. XVII. — LIV. II.

Quibus modis testamenta infirmantur.

Jure factum testamentum valet usque adeo infirmatur.

Duobus modis, jure factum, rescinditur ipso jure testamentum : aut ruptum aut irritum fit.

Rescinditur etiam officio judicis; illa materia sub institutionum XVIII tractatur.

1851

Quibus modis fit ruptum.

Ruptum dicitur testamentum, quod, in eodem statu remanente testatore, per agnationem sui hæredis aut per testamentum ritè post factum infirmatur.

Agnatio producitur naturaliter per procreationem posthumi, civiliter per adoptionem et adrogationem; adoptio enim naturam imitatur. Manumissio etiam rumpit testamentum, si filius post primam vel secundam emancipationem manumisssus in patris potestatem reversus sit. (Ulp. tit. XXIII.)

Nemo decedere potest cum duobus testamentis. Testamentum olim erat lex; et quemadmodum lex posterior tollit anteriorem, consequens videbatur, ut posteriori, sine quidem defuncti expressâ voluntate, prius testamentum rumperetur.

Non necesse est ad ruptionem prioris testamenti ut hæres scriptus in secundo testamento ex eo hæres existat, sed tantum ut ex eo possit existere; et intestatus defunctus dicitur, quandò hæres institutus vivo testatore decesserit, aut hæreditatem quâdam causâ repudiaverit; aut conditione sub quâ institutus est, defectus sit.

Fideicommissi tamen auctoritatem primum testamentum ritè perfectum habebit, quando testator ex certis rebus in posteriori hæredem instituerit et adjecerit velle se ut prius valeret. Aliquando illa pars non quartam Falcidiam attingit; tunc, suppletâ Falcidiâ, restituet hæres his qui in primo testamento instituuntur. Scimus enim legem Falcidiam factam fuisse, ne propter onera successionis hæres institutus illam repudiaret et efficeret defunctum intestatum esse.

Quibus modis fit irritum.

Irritum testamentum dicitur, quùm defunctus sit testator capite minutus. Capitis diminutio est statûs mutatio quâ quis libertatis, civitatis, aut familiæ jure destituitur : indè capitis diminutio maxima , media, minima.

Justinianus nos docet cur dicantur irrita testamenta : irrita videntur testamenta hoc casu cum alioquin et quæ rumpuntur, irrita fiant ; et quæ statim ab initio non jure fiunt, irrita sint ; et ea quæ jure facta sunt , et postea propter capitis diminutionem irrita fiunt , possumus nihilominus rupta dicere. Sed quia sanè commodius erat singulas cau-sas singulis appellationibus distingui : ideo quædam non jure facta dicuntur, quædam jure facta rumpi, ver irrita fieri. Certam definitio-nem quibuscumque vitiis testamenti dari opportet.

Jure civili, testamenta irrita capitis diminutione, inutilia sunt.

Attamen vim per prætoris auctoritatem habere possunt testamenta capitis diminutione irrita. Si testamentum jure prætorio perfectum sit , id est , si septem testium signis signatum sit, secundum tabulas prætor scripto hæredi possessionem attribuit. Ut sic valeat illud testamentum, testator defungi debet, civis romanus et patria potestate expeditus. Duobus extremis momentis jus prætorium factionem testamenti exigit ; ex confectione usque ad mortem , nihil est tempus intermedium. Itaque quandò in adoptionem testator se dederit, infirmatio ut tacita valet. At si cessat adoptio , jus prætorium secundum tabulas attribuit possessio-nem instituto.

De nudà voluntate.

Non testamentum nuda à testatoris volontate infirmatur. Nonne enim tabulas ordinatas licet incidere, delere, aut posterius jure factum tes-tamentum ordinare ? Inceptum igitur non prius ruptum facit , solem-nitatibus legis revocatio ordinanda est ; etenim , quæ jure confecta sunt jure, etiam tolli et subverti debent.

Attamen , quodam modo , ruptum fit testamentum quia ità velit testator, id apud acta professus aut tribus convocatis testibus et post illam revocationem decennio elapso, vivo tamen testatore ; tunc irritum est testamentum tam ex contrarià voluntate quam ex cursu temporali. (L. 27 cod. de test.)

Regula prima quæ nudæ voluntatis auctoritatem abripit, in oratione divi Pertinacis exstat. Eadem oratio imperatoris denunciat se non admissurum hæreditatem ejus qui litis causa principem instituerit hæredem : institutio ista eo animo facta est, ut testatoris adversarius ab adversario potentiori subjiciatur.

Denunciat etiam, se non probaturum testamentum irritum, puta deficiens quibusdam juris communis solemnitatibus, in quo ne testator intestatus decedat, principem scripsit ad vitium tollendum.

Expressit denique oratio Pertinacis, se ex nuda voce aut ex pollicitatione verborum non hæreditatem adepturum. Institutio principis, ut institutio alia, legibus subjecta est ut exemplo suo populum ad rectè agendum abripiat : « Licet enim, inquiunt Severus et Antoninus, legi» bus soluti simus, attamen legibus vivimus.»

PROCÉDURE.

—

DES ENQUÊTES.

LIVRE II , TITRE XII.

L'enquête est la procédure suivie pour l'audition des témoins en justice. (*Inquisitio veritatis per testes.*)—Elle porte aussi le nom de preuve orale.

Avant d'entrer en matière, il n'est pas sans intérêt de jeter un coup d'œil sur l'historique de l'enquête.

En Grèce, la déposition des témoins fut longtemps respectée, mais lorsque l'écriture eut fait des progrès, les écrits, moins sujets à la corruption que les paroles, furent regardés comme des moyens plus certains pour éclairer la justice.

A Rome, cette preuve orale eut toujours une grande valeur pour tout ce qui touchait les conventions et les obligations. Elle était cependant moins considérée en matière criminelle.

Dans les premiers temps de la monarchie, la preuve orale était aussi la seule admise. Elle fut remplacée par le serment, puis par le combat judiciaire. Cette manière de prouver la vérité, qui ne donnait en définitive gain de cause qu'à la force et à l'adresse du corps fut abolie par Saint Louis.

Sous ce pieux roi, la preuve orale reprit faveur : *Témoins passent lettres*, disait-on alors, maxime qui, au 16ᵉ siècle, devait faire place à cette autre : *lettres passent témoins.* (Article 16, ordonnance de Moulins.)

De nos jours le Code civil a réglé les cas où cette preuve orale n'est point admissible. Nous n'avons point à nous occuper des principes de la preuve testimoniale qui font l'objet de la section II, titre III, il-vre III, Code C. 1341 et suivants; nous ne devons parler que de la procédure de cette preuve.

Le Code de procédure civile divise l'enquête en enquête ordinaire et en enquête sommaire.

Nous n'examinerons ici que l'enquête ordinaire dont les règles sont fixées dans le titre XII du livre II du Code de procédure.

Comment doit être proposée l'enquête. — Dispositions d'office. — Jugement qui ordonne l'enquête.

La preuve peut être proposée par l'une des parties ou ordonnée d'office par le tribunal.

Les faits à prouver doivent être articulés clairement et succinctement par un simple acte de conclusions sans écritures ni requête. Un délai de trois jours est accordé à la partie adverse pour dénier ces faits. Ils le seront par un simple acte; et faute de dénégation, ils pourront être tenus pour confessés ou avérés. [252) Il n'y aurait pas cependant nullité dans la proposition des faits et dans leur dénégation, si elles étaient faites par exploits ou requêtes. La loi a voulu autant que possible simplifier les frais.

Pour qne le tribunal puisse ordonner la preuve des faits proposés, il faut qu'ils soient pertinents et admissibles de nature à ce qu'une fois prouvés les juges soient mieux éclairés. Ils ont à ce sujet un pouvoir discrétionnaire.

Ces faits doivent être déniés; s'ils sont avoués, l'enquête devient inutile. Mais souvent le silence, l'aveu même de la partie adverse seraient dangereux. En matière de séparation de corps, par exemple, ne serait-il pas à craindre de la part des deux époux un accord coupable ?

Il faut aussi que la loi n'en défende pas la preuve, cette disposition de l'art. 253 a trait aux prohibitions des art. 340, 1341 et suivants du Code civil. La défense de l'art. 340 est d'ordre public; quant à celle des art. 1341 et suivants du Code civil, l'opinion la plus générale des auteurs est telle que cette prohibition est d'ordre privé; en sorte que la preuve d'une dette de plus de 150 fr. pourrait être valablement ordonnée si le défendeur n'opposait l'exception tirée des art. 1341 et suivants.

Le tribunal pourra aussi ordonner d'office la preuve des faits qui lui paraîtront concluants, si la loi ne le défend pas (254).

Une fois les faits déniés, un jugement doit en ordonner la preuve. Dans ce jugement, le tribunal énumèrera les faits à prouver, nommera le juge-commissaire pour recevoir les dépositions. L'absence de cette énumération de faits serait un vice radical; l'omission de certains d'entre eux pourrait cependant être facilement réparée par un jugement postérieur. Il en serait de même de la nomination du juge, involontairement passée sous silence par le tribunal.

Si les témoins sont trop éloignés, le jugement désignera un tribunal qui devra commettre un juge pour procéder à l'enquête.

Contraire enquête.

Il est de principe que la défense est de droit naturel; le jugement qui ordonne l'enquête du demandeur n'a pas besoin d'autoriser celle du défendeur. L'art. 256 lui donne le droit de faire sa contraire enquête, sans qu'il lui soit nécessaire d'articuler préalablement les faits qu'il veut prouver.

Délai fixé pour commencer l'enquête.

Les deux enquêtes, *directe* et *contraire*, doivent être commencées dans le même délai; ce délai est de huitaine si elles doivent être faites dans le lieu où siége le tribunal qui les ordonne, ou à une distance de trois myriamètres; il court à partir de la signification à avoué du jugement qui ordonne l'enquête. Si ce jugement est par défaut faute de comparaître et non susceptible d'être attaqué par opposition , la huitaine court de la signification à partie. Si ce jugement est susceptible d'opposition, le délai ne partira que du jour où les délais de l'opposition sont expirés. Ces délais sont de huit jours. Les auteurs sont généralement d'accord pour décider que, la huitaine expirée depuis la signification à personne ou domicile, l'autre huitaine de l'art. 257 devait commencer immédiatement. Ils arrivent à la même décision mais par des motifs bien différents.

Quid en cas d'appel du jugement qui ordonne l'enquête ?

Si le lieu où l'enquête doit se faire est à une distance de plus de trois myriamètres du lieu où siége le tribunal, l'art. 258 permet à ce dernier d'indiquer le délai dans lequel elle sera commencée ; mais les juges, en fixant un délai plus long, ne doivent point perdre de vue le but de la loi, qui est celui de donner le moins de temps possible à la corruption et à la subornation des témoins. L'enquête est censée commencée pour chacune des parties respectivement par l'ordonnance qu'elle obtient du juge-commissaire à l'effet d'assigner les témoins aux jour et heure par lui indiqués. Pour constater le jour où cette ordonnance aura été accordée, le juge-commissaire ouvrira les procès-verbaux respectifs par la mention de la réquisition et de la délivrance de ladite ordonnance (259) ; à défaut de cette mention, l'original devrait suffire s'il s'élevait à ce sujet quelque contestation.

Assignations aux témoins et aux parties.

Les témoins devront être assignés à personne ou domicile , un jour au moins avant l'audition, pour ceux qui seront domiciliés dans l'étendue de trois myriamètres du lieu où l'enquête doit être faite; et un jour par trois myriamètres sera ajouté pour ceux qui en seront plus éloignés. Le juge-commissaire, dans son ordonnance, devra fixer un délai assez long pour que cette augmentation puisse avoir lieu sans mettre obstacle à l'audition de tous les témoins aux jour et heures indiqués. L'huissier, qui fera cette assignation , leur laissera à chacun séparément copie du dispositif du jugement pour ce qui concerne les faits admis, et de l'ordonnance du juge-commissaire. La déposition du témoin qui aurait reçu une copie incomplète sera déclarée nulle (260).

Quant à la partie adverse, elle sera assignée à son domicile si elle n'a point d'avoué, ou bien à celui de son avoué, si elle en a un , trois jours au moins avant l'audition des témoins. Cette assignation contiendra,, à peine de nullité, les noms, professions, demeures des témoins.

Il n'y aurait pas de nullité si ces deux formalités de l'art. 261 étaient remplies par deux exploits séparés (cass. 12 juillet 1819).

Indignités. — Incapacités. —· Reproches. — Proposition des reproches; manière d'y statuer.

Toutes personnes ne peuvent point être assignées comme témoins.

Les unes en sont indignes, les autres incapables; d'autres enfin, quoique valablement assignées, sont reprochables.

L'indignité est prononcée par la loi, et le juge doit refuser l'audition des personnes qui en sont atteintes. L'ordre public y est intéressé. Toutefois elles peuvent être admises à donner de simples renseignements (C. P. 28, 34, 42).

L'incapacité prononcée par l'art. 268 n'a rien de déshonorant pour les personnes qui y sont désignées; le témoin est trop naturellement porté à déposer favorablement en faveur des personnes auxquelles il est uni; aussi nul ne pourra-t-il être assigné comme témoin s'il est parent ou allié en ligne directe de l'une des parties ou son conjoint même divorcé.

La parenté naturelle reconnue, la parenté adoptive rentrent dans la prohibition de cet article.

Mais il est des faits qui ne sauraient être attestés que par des parents, dont le témoignage serait refusé en toute autre cas. L'article 251 du Code civil nous offre un exemple d'exception à l'art. 268 : c'est ce-

2

lui de la séparation de corps. Beaucoup d'auteurs, en vertu de la maxime. *In domestices non reprobatur domesticum testimonium*, ont étendu l'exception. Nous croyons qu'ils sont dans l'erreur; les exceptions sont de droit étroit et ne peuvent être créées par de simples anoligies.

Quid des prêtres, des avocats, des avoués, des médecins, des sages-femmes ? — 378 Code pénal.

Quant aux mineurs de 15 ans, la loi accorde au juge un pouvoir discrétionnaire pour avoir tels égards, qu'il croira convenables, à leur déposition. (285.)

D'autres personnes, avons-nous dit, sont simplement reprochables; mais il est facultatif pour la partie de proposer les reproches prévus par la loi. Son silence sera considéré comme un consentement tacite à l'admission de la déposition.

La première cause de reproches est puisée dans la parenté ou alliance du témoin avec l'une des parties, jusqu'au degré de cousins issus de germains. La parenté et alliance des conjoints jusqu'à ce degré, le seront aussi pendant la vie du conjoint, ou si après sa mort il en existe des enfants, le droit de reprocher ce témoin appartiendra aussi bien à la partie adverse parente qu'à celle qui ne le serait pas. La partie parente a quelquefois tout autant de motifs pour craindre la déposition d'un de ses parents que celle qui ne le serait nullement.

Le témoignage doit être exempt de toute influence morale, et il faut se prémunir surtout contre la dépendance des témoins à l'égard de la partie; c'est pourquoi les qualités d'héritier présomptif et de donataire, de serviteur et de domestique sont classées au nombre des reproches que l'on peut proposer.

On pourra de même reprocher le témoin qui aura bu ou mangé avec la partie, et à ses frais, depuis la prononciation du jugement interlocutoire; celui qui aura donné des certificats pour le gain du procès.

La réhabilitation peut rendre la capacité aux témoins indignes; mais elle ne détruit point le reproche. Quant au condamné pour vol, ou il est incapable pour un temps d'après le jugement de condamnation, et

alors il ne peut point être valablement assigné, ou bien seulement condamné à toute autre peine, il est dans ce cas simplement reprochable.

Le témoin, en état d'accusation, inspire trop peu de confiance pour
qu'il n'y ait point lieu à le reprocher; mais le reproche serait sans effet,
si avant la clôture définitive de l'enquête son acquittement avait été
prononcé.

Tous ces reproches sont fondés, en général, sur la crainte qu'un témoin ne soit entraîné à déposer en faveur de la partie par parenté, af-
fection, intérêt. Les motifs qui les ont fait introduire dans la loi sont
trop évidents pour qu'il soit nécessaire de les développer.

Ces reproches, proposés par la partie ou son avoué, avant ou après
la déposition du témoin, seront circonstanciés et pertinents; celui-ci
pourra les discuter, et le procès-verbal, à peine de nullité de la déposition, contiendra l'énumération de ces reproches et les explications
fournies par le témoin reproché. Les reproches proposés, avant la déposition, et non justifiés par écrit, devront être accompagnés d'une
offre de preuve et d'une désignation de témoins : sans cela, ils seraient
comme non avenus. La jurisprudence est constante pour reconnaître
que la preuve serait valablement offerte après la déposition.

Le témoin reproché sera entendu et sa déposition transcrite au procès-verbal. Le tribunal seul a le droit de statuer sur les reproches, et
il le fera sommairement, mais toujours antérieurement au jugement
sur le fond, si la cause n'est pas en état d'être jugée définitivement.
(287.) Dans le cas contraire, il y sera statué par un seul et même jugement. (288.) Si la preuve du reproche n'est point suffisamment établie par un écrit, la preuve orale sera ordonnée par un jugement et il
sera procédé dans la forme des enquêtes sommaires.

La déposition du témoin dont les reproches seront admis ne sera
point lue à l'audience.

Celui qui serait blessé à tort dans son honneur, sa réputation,
pourra demander des dommages et intérêts contre la partie qui aura
allégué des faits impossibles à prouver; si c'était l'avoué qui eût pro-

posé imprudemment le reproche, la partie condamnée pourrait avoir un recours contre lui.

Audition des témoins. — Remise. — Prorogation. — Procès-verbal.

Le témoin assigné devra être présent à l'enquête aux jour, lieu et heure indiqués par l'ordonnance. Son absence entraînerait pour lui les peines portées par les art. 263 et 264; leur application sera de nul effet si d'après l'art. 265 le témoin justifie qu'il n'a pu se présenter au jour indiqué.

Les témoins seront entendus séparément, et le juge-commissaire devra procéder à l'enquête tant en présence qu'en l'absence des parties ; l'absence même de leurs défenseurs ne serait pas un motif suffisant pour faire renvoyer l'enquête à un autre jour.

Sur la demande du juge, le témoin déclarera ses noms, profession, âge et demeure; s'il est parent, allié de l'une des parties et à quel degré; s'il est domestique ou serviteur de l'une d'elles. Il fera serment de dire la vérité, le tout à peine de nullité.

Les projets écrits de déposition sont trop suspects pour que le témoin ait le droit de s'en servir en présence du juge. Le sourd-muet est excepté; il pourra déposer par écrit s'il sait lire et écrire. Dans le cas contraire, le juge devrait le faire interroger par une personne qui aurait l'habitude de converser avec lui. Cette personne, après avoir préalablement prêté serment, transmettrait les réponses au juge.

Le greffier consignera la déposition du témoin sur le procès-verbal, après quoi, lecture lui en sera faite, et il lui sera demandé s'il y persiste. Si, en écoutant cette lecture, le témoin se rappelle d'autres circonstances, il doit les déclarer, et il en sera fait addition à sa déposition; il peut même opérer tels changements qu'il croit justes; ces additions et changements seront écrits à la marge. Il lui sera fait encore lecture de sa déposition avec celle de ses additions et changements; le témoin, à peine de nullité, signera la déposition ainsi que les écritures à la marge.

Souvent ces additions et changements sont suscités par les interpel-
lations que le juge adresse au témoin soit d'office soit sur la réquisition de la partie. 276.

Il lui sera demandé s'il 'requiert taxe, et son inscription sur la copie
d'assignation vaudra exécutoire pour le témoin. Tous les témoins seront
taxés s'ils le veulent et sur le vu de la taxe inscrite par le juge commis-
saire ils seront payés par la partie qui les aura appelés. Cette partie ne
pourra répéter contre celle qui aura été condamnée aux dépens que
les frais de cinq dépositions sur le même fait. L'excédant serait à sa
charge.

Si tous les témoins assignés ne peuvent être entendus au jour fixé
par l'ordonnance, leur audition sera remise à d'autres jour et heure
sans qu'il soit besoin de nouvelles assignations aux témoins et aux
parties. Ce jour sera indiqué sur le procès-verbal et devra se trouver
dans la huitaine accordée à chacune des enquêtes pour être terminées.

Chaque partie, en effet, a un délai de huit jours pour parachever
son enquête, si le jugement qui l'a ordonné n'en fixe un plus long. Ce
délai de huitaine court à partir de l'audition des premiers témoins.

Quelquefois cette huitaine est insuffisante à la partie pour faire en-
tendre tous ses témoins; elle doit alors demander la prorogation de
l'enquête dans ce même délai. Le juge-commissaire transcrit cette
demande sur le procès-verbal, et le tribunal, sur le rapport qu'il en fera
au jour indiqué par son procès-verbal, accordera la prorogation sans
sommation ni avenir, si les parties ou leurs avoués ont été présents.
Il ne pourra être accordé qu'une seule prorogation à peine de nullité.
La contraire enquête devra aussi jouir du bénéfice de prorogation sans
que le défendeur l'ait demandée.

Dans le courant des matières, nous avons signalé l'existence d'un
procès-verbal; nous allons examiner succinctement ce qu'il doit contenir.

Les diverses mentions prescrites par les articles 261, 262, 269 et
suivants, peuvent se diviser en deux catégories.

Dans la première, nous placerons celles dont l'absence entraînerait la nullité de l'enquête entière, et dans la seconde, celles dont le défaut n'entraînerait que la nullité des dépositions des témoins.

PREMIÈRE CATÉGORIE : Mention de l'assignation à partie (261), de la date, des jours et heures des comparutions ou défaut des parties; —des remises. — 269. — Il devra contenir aussi, à peine de nullité et à la fin, la signature du juge, du greffier et des parties, ou bien mention de leur refus.

SECONDE CATÉGORIE. — Devront être mentionnées à peine de nullité de la déposition du témoin : La représentation de l'assignation ; — sa comparution ou son défaut; — ses noms, professions, âge et demeure ; sa déclaration s'il est ou non parent, allié de l'une des parties et à quel degré, serviteur ou domestique de l'une d'elles ; — son serment de dire la vérité ; — les reproches ; — les explications fournies par le témoin ; — sa déposition ; — la demande s'il y persiste et sa réponse ; — la lecture de cette disposition ainsi que des additions ou changements; — son refus ou son impossibilité de signer sa déposition entière, ainsi que les additions et changements.

Remarquons que la nullité d'une ou plusieurs dépositions n'entraînerait pas celle de l'enquête entière.

Une fois le délai, pour terminer l'enquête, expiré, la partie la plus diligente se fera délivrer au greffe une expédition du procès-verbal ; la signification en sera faite à avoué et l'audience sera poursuivie sur un simple acte. Le tribunal sera appelé à statuer sur les reproches et à se prononcer sur le fonds 287 à 291.

Nullités. — Responsabilité.

Le juge-commissaire, les avoués, les huissiers peuvent être responsables des nullités opérées par leur fait. Mais cette responsabilité varie suivant les qualités de ces personnes elles-mêmes. Si l'enquête est nulle par la faute du juge, elle sera recommencée à ses frais d'après les règles ci-dessus exposées, et si à suite de décès, d'incapacité survenue depuis leur première déposition, les témoins sont dans l'impossibilité de déposer une seconde fois , les juges auront alors tel égard que de raison aux dépositions par eux déjà faites.

La nullité provenant du fait de l'avoué et de l'huissier est trop suspecte aux yeux de la loi pour que celle-ci puisse autoriser, même à leurs frais, une nouvelle enquête. Ils sont toutefois reponsables des dommages et intérêts à l'égard de la partie s'il y a eu de leur part manifeste négligence. (193).

CODE CIVIL.

—

PREUVES DE LA PATERNITÉ ET DE LA FILIATION LEGITIMES.
312 et suiv.

Droits et devoirs qui en dérivent. 203 à 211 — 371 à 387.

Le mariage est la base essentielle de la paternité et de la filiation légitimes. Nous le supposerons bien établi et nous distinguerons deux cas principaux :

Celui où la maternité est certifiée et la paternité seule contestée ,

Et celui où la paternité et la maternité sont à la fois contestées.

Du cas où la maternité est certaine, la paternité est contestée.

Le fait de la maternité peut être facilement certifié par l'accouchement de la mère. La nature elle-même semble avoir voulu la faire reconnaître à des signes certains : *mater sempè certa est , etiam si vulgò conceperit.* (L. 5. dig. d. in jus voc).

Le fait de la paternité est plus difficile à prouver : œuvre tout-à-fait mystérieuse des présomptions seules peuvent en indiquer l'auteur.

Pater is est quem justæ nuptiæ demonstrant, disait la règle latine et ce même principe devait-être consacrée d'une manière plus précise par le Code civil: l'enfant conçu pendant le mariage a pour père le mari.

Cette présomption tirée du mariage est des plus honorables pour les époux, et la loi n'a point perdu sa 'fidélité et la pureté pour lesquelles

Dieu l'a institué. Il a donc été nécessaire de déterminer le moment de la conception pour pouvoir le rapporter au temps du mariage.

La terme ordinaire de la gestation qui est de neuf mois, peut varier en plus ou en moins; il résulte de l'observation que le terme de la plus longue gestation est de dix mois, ou trois cents jours, et celui de la plus courte de six mois, ou cent quatre-vingts jours. Et si, en prenant pour base tantôt l'une, tantôt l'autre de ces gestations et en partant du jour de la naissance, le moment de la conception peut être rapporté au temps du mariage, elle fera présumer qu'elle a le mari pour auteur. Cette présomption de la loi est fondée sur la cohabitation des deux époux et sur la fidélité de l'épouse.

Le mari pourra désavouer l'enfant s'il prouve que, pendant le temps qui a couru depuis le 300e jour jusqu'au 180e avant la naissance, il était, soit par cause d'éloignement, soit par l'effet de quelque accident dans l'impossibilité physique de cohabiter avec sa femme 312. Il pourra aussi désavouer l'enfant né avant les 180 jours depuis la célébration du mariage. La conception remonte évidemment à une époque antérieure. Mais la loi vient au secours de l'enfant et sa légitimité lui est irrévocablement acquise s'il est établi que le mari ait eu connaissance de la grossesse de la mère avant le mariage. En s'unissant à elle, il a voulu réhabiliter son honneur et légitimer, par le mariage, le fruit qu'elle portait dans son sein. La preuve testimoniale peut démontrer cette connaissance : Les visites fréquentes du père, l'aveu même qu'il peut avoir fait à quelques-uns de ses amis de la grossesse de la mère une fois prouvés, par témoins, même sans commencement d'écrit, n'établissent-ils pas cette connaissance d'une manière certaine ? (cont. Proudhom.) De plus, l'enfant ne pourra point être désavoué, si le mari l'a tacitement reconnu en assistant lui-même à l'acte de naissance dressé par l'officier public, et s'il a signé cet acte ou déclaré qu'il ne sait; dans ce cas, mention doit-être faite de cette déclaration.

Ces naissances précipitées sont contre nature : l'existence de l'enfant doit nécessairement en souffrir ; à des indices certains, les gens de l'art peuvent reconnaître s'il doit vivre ou non, et l'action en désaveu sera refusée au mari, si l'enfant n'est pas déclaré viable.

Sous l'ancienne jurisprudence, l'impuissance naturelle était reçue comme moyen de désaveu. C'est avec sagesse que le législateur l'a écartée de nos lois ; les conjectures de l'art sont souvent trompeuses et l'on a vu souvent des personnes déclarées impuissantes avoir plus tard des enfants d'un autre mariage.

La fidélité de la femme, avons-nous dit, sert aussi de base aux présomptions de la loi. Il peut cependant arriver que la femme, oubliant ses devoirs, se donne à tout autre qu'à son mari, c'est le cas d'adultère.

L'adultère de la femme invoqué par le mari, ne saurait être reçu qu'avec de grandes précautions; seul, et sans être accompagné de circonstances plausibles, il ne serait point suffisant pour faire prononcer l'illégitimité de l'enfant qui en serait survenu. L'orateur du gouvernement disait très ingénieusement : « La femme peut avoir été coupable sans que le flambeau de l'hyménée fut encore éteint. » Pour que l'enfant puisse être désavoué par le mari, il faut que la naissance lui ait été cachée. La mère se reconnaissant coupable, suit le cri de sa conscience et écarte avec soin le fruit de son crime; ce mystère qui enveloppe l'enfant au berceau, milite trop contre sa légitimité. Le mari devra, en outre, prouver tous les faits propres à justifier qu'il n'en est point le père. L'honnêteté publique, la dignité conjugale réclament, en sa faveur, le droit de prouver que cet enfant lui est étranger.

Nous avons dit, plus haut, que les naissances hâtives, après la célébration du mariage, peuvent donner lieu à une action en désaveu; il en est de même des naissances tardives survenues après la célébration. Mais la présomption de légitimité l'emportera pour l'enfant s'il n'y a des motifs bien évidents.

Le mari, sur qui doit retomber la honte d'une fausse paternité, a seul, de son vivant, le droit de désavouer l'enfant. Un délai est fixé par la loi pour les cas des articles 312 et 314. Il devra intenter son action dans le mois, s'il se trouve sur les lieux de la naissance; dans les deux mois après son retour si à la même époque il était absent; pour le cas de l'article 313, dans les deux mois après la découverte de la fraude.

Ce principe, qui n'accorde le désaveu qu'au mari de son vivant, cesse d'être aussi absolu après sa mort. Ce droit passe à ses héritiers , si le mari est mort sans avoir fait sa réclamation, mais étant encore dans le délai utile pour le faire. Ils auront deux mois pour contester la légitimité de l'enfant à compter de l'époque où ce dernier se serait mis en possession des biens de son prétendu père, ou bien de l'époque où ces héritiers seraient troublés par l'enfant dans cette possession· (317.)

Les juges sont seuls compétents pour prononcer le désaveu. Tout acte extra-judiciaire, notifié dans les délais précédents serait comme non avenu, si l'action n'était iutentée dans le mois de cette notification contre un tuteur *ad hoc,* donné à l'enfant et en présence de sa mère.

Du cas où la parenté et la maternité sont contestées.

Les arguments sur lesquels se fonde leur légitimité sont au nombre de trois :

1° L'acte de célébration du mariage des deux époux ;

2° L'acte de naissance de l'enfant ;

3° La possession d'état.

Supposons toujours le mariage prouvé.

L'acte de naissance de l'enfant démontre qu'il est né d'un mariage légitime; et si à cet acte de naissance vient se joindre une possession d'état, aucune attaque ne saurait abattre sa légitimité. De son côté l'enfant ne pourra point réclamer un état contraire à ces deux arguments.

Si l'acte de naissance existe sans possession d'état, il servira de commencement d'écrit, et la preuve testimoniale sera admise pour faire reconnaître l'identité de cet enfant. Mais cet acte de naissance ne peut point être représenté ; les registres de l'état civil ont été déchirés, brûlés ; la possession d'état seule existe, elle doit assurer à l'enfant sa légitimité. 321.

A défaut d'acte de naissance, de possession d'état, ou si l'enfant a été inscrit, soit comme né de parents inconnus, soit sous de faux noms, la preuve de la filiation pourra s'établir par témoins s'il y a un commencement d'écrit ou tout autre indice résultant de faits constants et notoires. La preuve contraire séra de droit. 325.

L'action en réclamation d'état est imprescriptible pour l'enfant, mais le temps est limité pour ses héritiers. 329—330.

Contrairement à ce qui est établi, si les tribunaux criminels sont appelés à statuer sur le crime de suppression d'état, ils ne devront admettre l'action qu'après le jugement définitif sur la question civile. En matière criminelle, la preuve testimoniale est toujours admissible, et celui qui n'a pas un commencement de preuve par écrit pourrait bien, pour éluder les dispositions de l'art. 325, porter son action devant ces tribunaux. Nous croyons cependant qu'on devrait en excepter le cas de flagrant délit.

L'enfant qui a obtenu gain de cause dans sa réclamation est réintégré dans tous les droits de la légitimité. Ceci nous amène naturellement à parler des droits et devoirs respectifs de la parenté et de la filiation légitimes.

Droits et devoirs respectifs de la paternité et de la filiation légitimes.

Faible et dénué de ressources en naissant, l'enfant a besoin d'être soutenu, d'être guidé par les auteurs de ses jours ; il a besoin de s'instruire de leur expérience, pour que plus tard il puisse pourvoir par lui-même aux nécessités de la vie. De cette éducation première inspirée par l'amour qui est le principe de tout ordre, de ces rapports intimes établis entre le père et l'enfant, résulte la puissance paternelle ; elle peut donc être définie : le droit de défense et de protection qu'à l'homme sur sa progéniture. Ce droit, c'est Dieu lui-même qui le donne, et la loi civile ne fait que le sanctionner.

Cette puissance paternelle dut subir des modifications suivant les mœurs de chaque peuple. Nous tracerons d'abord les principales, c'est-à-dire celles subies sous l'empire de la législation romaine, de l'ancienne législation française, pour arriver ensuite à la puissance paternelle telle que le Code civil l'a établie.

A Rome, la puissance paternelle eut, dès le principe, un caractère éminemment despotique. Cela tenait à un mauvais principe, qui ferait considérer les enfants comme des choses, *tanquam res*. La loi des XII tables reconnaissait au père le droit de vie et de mort sur les enfants soumis à sa puissance ; il pouvait même les vendre. Mais trois ventes successives et après lesquelles s'opérait successivement la libération accordée par l'acheteur, épuisaient la puissance paternelle. Les esclaves étaient sous ce rapport plus heureux que les enfants ; un simple affranchissement les rendait libres.

Le christianisme fit faire un grand pas à la législation romaine. Il inspira des règles plus justes et plus conformes à la loi naturelle ; et ce pouvoir despotique qui s'exerçait sans contrainte se réduisit presque à un simple droit de correction. — Constantin soumit même aux peines du parricide le père meurtrier de ses enfants.

Notre ancienne législation se divise, comme on le sait, en droit écrit et en droit coutumier.

En pays de droit écrit, la puissance paternelle se ressentit de son origine toute romaine ; le père pouvait aussi vendre ses enfants. Mais en revanche, en pays de droit coutumier, elle était tellement amoindrie que l'on peut dire qu'elle était presque nulle.

Le droit intermédiaire qui régit la France avant le Code civil affaiblit considérablement la puissance paternelle par les lois du 17 nivôse an II. Elle ôtait au père, par son principe d'égalité dans les successions, le pouvoir de se faire craindre et respecter de ses enfants.

Le Code civil semble avoir mieux compris ce que devait être la puissance paternelle. Il a consulté le cœur de l'homme, et d'après les inspirations les plus saines qu'il en a reçu, il a posé les principes que nous allons étudier. Nous diviserons notre travail en deux parties. Dans la première, nous traiterons des 'droits et devoirs réciproques des parents à l'égard de leurs enfants, ou du droit d'éducation et du droit alimentaire ; dans la seconde, de l'usufruit légal des parents sur les biens de leurs enfants.

PREMIÈRE PARTIE.

1° *Droit d'éducation.*

Le père est, de son vivant, le dépositaire de la puissance paternelle, et après lui la mère. Celle-ci pourrait cependant intervenir et remplacer le père, quand il se porte à trop d'excès contre ses enfants, quand il est infirme, incapable de remplir la mission qui lui est confiée ici-bas ; et l'on peut dire avec raison qu'elle est le subrogé-tuteur de ses enfants pendant la vie du père.

Les époux, par le mariage, contractent l'obligation d'entretenir et d'élever leurs enfants ; de ce devoir, imposé aux père et mère, dérive, de la part des enfants, celui de cohabiter avec les auteurs de leurs jours.

L'enfant ne pourra quitter la maison paternelle pendant sa minorité ou avant son émancipation, sans la permission de son père, si ce n'est pour enrôlement volontaire, après dix-huit ans révolus. Cet âge a été modifié par le décret du 17 juillet 1848.

Si les pères et mère sont chargés du devoir d'élever les enfants, ils doivent avoir le droit de les punir, et la loi leur donne celui de les faire détenir. Elle ne parle point des moyens de correction à employer dans la maison paternelle ; elle s'en rapporte à la prudence des parents.

La détention est la seule peine extérieure portée par la loi ; elle est rarement employée, et l'on peut même dire qu'elle est tombée en désuétude. Il répugne trop au cœur d'un père de faire renfermer son enfant dans ces maisons destinées aux hommes vicieux, et dont le contact seul gâterait celui qu'il voudrait corriger. Cependant, il est des cas où les actes d'insubordination ne pourraient être punis différemment.

Si l'enfant a moins de seize ans, s'il est sans biens et sans profession, si le père n'est point remarié, celui-ci pourra demander au président du tribunal de son arrondissement, et sans avoir requis l'avis des parents, la détention pour son fils rebelle; et cette détention, qui ne peut excéder un mois, sera accordée par ce magistrat. Le père agit alors par voie d'autorité. Sa demande serat-t-elle admise sans que le président puisse, malgré l'art. 376, en peser les motifs? nous ne le pensons pas; les pères ne sont pas également justes.

La détention sera demandée, par voie de réquisition, dans les cas suivants : 1° Lorsque l'enfant a plus de 16 ans, et jusqu'à la majorité ou l'émancipation; 2° lorsque le père est remarié, même dans le cas où l'enfant aurait moins de 16 ans; 3° lorsque c'est la mère survivante, et non remariée, qui requiert cette détention, (d'après l'art. 381, la mère ne pourra faire détenir un enfant qu'avec le concours des deux plus proches parents paternels); 4° lorsque l'enfant, même au-dessous de 16 ans, a des biens personnels ou qu'il exerce un état.

Quand l'enfant aura été détenu par voie de réquisition, il pourra, dans la forme de l'art. 382, *in fine*, se pourvoir contre la détention qui lui aura été infligée. Il adressera un mémoire au procureur-général près la cour d'appel ; ce dernier se fera rendre compte, par le procureur de la République près le tribunal de première instance, et fera son rapport au président de la cour d'appel, qui, après en avoir donné avis au père, et après avoir recueilli tous les renseignements, pourra révoquer ou modifier l'ordre délivré par le président du tribunal de première instance.

Cette détention, par voie de réquisition, est de six mois au plus. Nous ne pensons pas qu'elle doive être aussi considérable pour tous les cas, lorsque, par exemple, le père est remarié et que l'enfant est âgé de moins de 16 ans.

La détention pourra toujours être abrégée sur la demande du père et même de la mère; mais si, après sa sortie, l'enfant tombe dans de nouveaux écarts, la détention pourra de nouveau être ordonnée de la manière ci-dessus désignée.

La demande, soit par voie d'autorité, soit par voie de réquisition, doit être sans formalités ni écritures. Le mandat d'arrêt doit seul être écrit, sans que l'on puisse y consigner les motifs. La loi n'a point voulu imposer à l'enfant une flétrissure dont le souvenir pourrait aigrir son caractère sans le corriger ; et ce serait atteindre un but contraire que de perpétuer par écrit des fautes que l'inexpérience de l'âge peut quelquefois excuser.

Le père sera tenu seulement de souscrire une soumission, de payer tous les frais et de fournir des aliments convenables à son fils pendant sa détention. S'il s'y refuse, l'État en fera l'avance, sauf son recours contre le père.

La puissance paternelle expire à la majorité ou à l'émancipation de l'enfant (372); elle est retirée aux parents, sur l'enfant qui en est la victime, lorsqu'ils ont été condamnés pour excitation à la débauche à son égard.

2° De la dette alimentaire.

Cette dette alimentaire est un devoir réciproque, que nous allons examiner. Les père et mère doivent entretenir leurs enfants, les faire élever, leur assurer, par l'éducation, des moyens faciles d'existence. Ce devoir imposé aux parents ne donne pas cependant aux enfants le droit de demander un établissement ou une dot, et aucune exception ne saurait être faite à l'article 204.

Si les parents doivent nourrir leurs enfants, ceux-ci doivent, à leur tour, leur fournir des aliments quand ils se trouvent dans la gêne. Ce devoir prescrit par les art. 205, 206 et 207, ne saurait être étendu à l'égard d'autres parents. Il est essentiellement relatif à la position précaire de celui qui a besoin, et à celle plus aisée de celui qui doit fournir. La dette alimentaire suit les variations de ces deux positions; la loi ne fixe

que des principes dont les juges doivent s'écarter le moins possible. Cette
dette devra être acquittée en une somme d'argent ; le tribunal pourra
néanmoins, en connaissance de cause, ordonner que la personne tenue de
cette dette recevra dans sa maison, nourrira et entretiendra celui auquel
elle doit des aliments. Observons, que l'enfant ne pourrait se refuser à
être entretenu et nourri dans la maison de ses parents, si ceux-ci le
demandaient.

Cette dette alimentaire s'éteint par l'aisance de celui qui en était le
triste créancier et par l'insolvabilité de celui qui en était le débiteur.
Deux autres cas d'extinction sont indiqués dans les 1° et 2° de
l'art. 206.

Presque tous les auteurs qui ont écrit sur cette matière, ont agité la
question de savoir si la dette alimentaire était solidaire et indivisible de
la part de ceux qui devaient la payer. Les uns, partant du principe que la
solidarité ne se présume point, ne peuvent souffrir une exception bien naturelle, tandis que les autres l'admettent. Chaque débiteur doit assurer
la vie de celui qui réclame, sauf son recours contre ceux pour lesquels
il aurait payé ; c'est aussi notre opinion.

DEUXIÈME PARTIE.

Droit d'usufruit légal.

Le père durant le mariage, et après sa dissolution, le survivant des
père et mère, auront la jouissance des biens de leurs enfants jusqu'à
l'âge de 18 ans accomplis ou jusqu'à l'émancipation qui pourrait avoir
lieu avant l'âge de 18 ans (384). Cet usufruit est une compensation accordée aux parents pour les soins qu'ils sont obligés de donner à leurs enfants. Il participe de la nature même la propriété qui en est grevée ;
c'est un droit réel qui peut être hypothéqué (2118). La nouvelle loi sur les
hypothèques supprime, et avec raison, cet usufruit légal, comme objet
d'hypothèque. Les revenus ne doivent-ils pas servir à l'entretien et à
l'éducation des enfants ? Ceux-ci seuls sont atteints par la loi actuelle.

Cette prérogative que la loi accorde aux parents, et suivant les distinctions de l'art. 384, entraîne, de la part de ceux-ci , des charges qu'ils sont tenus de remplir :

1° Ils seront tenus des obligations des usufruitiers (600 et suiv) ; ils sont seulement dispensés de donner caution (601) ;

2° Ils doivent entretenir , nourrir et élever leurs enfants , selon leur fortune ;

3° S'il existe des dettes sur les biens de ces enfants, des arrérages ou rentes arriérées, des intérêts de capitaux, les usufruitiers seront tenus de les payer , afin que le capital des enfants puisse leur revenir intact entre leurs mains ;

4° Ils doivent payer les frais funéraires et de dernière maladie des personnes qui ont gratifié les enfants.

Cet usufruit légal n'existera pas sur tous les biens des enfants ; l'exception est consacrée par l'art. 387 : 1° Il ne s'étendra pas aux biens que les enfants pourront acquérir par leur travail et leur industrie , car ceux-ci doivent en jouir comme récompense et encouragement ; 2° ni aux biens qui leur seront donnés ou légués , sous la condition expresse que les père et mère n'en jouiront pas ; 3° il ne s'étendra pas non plus aux biens recueillis dans une succession , dont les père et mère ont été exclus comme indignes, et à laquelle les enfants sont venus prendre part de leur propre chef (730.)

Quelques mots sur l'extinction de cet usufruit.

Cette extinction a lieu dans les cas suivants :

1° Lorsque l'enfant a dix-huit ans accomplis ;

2° Lorsqu'il est émancipé ;

3° Lorsqu'il est mort naturellement ou civilement ;

4° Lorsque la mère usufruitière a convolé à de secondes noces ;

5° Lorsque l'inventaire prescrit par l'art. 1452 n'a pas été fait, et seulement pour les biens dépendants de la communauté.

Le divorce privait aussi le père ou la mère contre lequel il était prononcé de cet usufruit légal ; ce motif n'existe plus de nos jours.

Nous devons encore signaler deux autres motifs d'extinction. Le concubinage patent de la mère nous semble, tout aussi bien que son second mariage, une raison suffisante pour lui retirer l'usufruit légal. Le concubin n'est-il pas un despote sous la dépendance duquel se trouve placée sa concubine? (Contre, Aix, 30 juillet 1813, et pour, Limoges, 2 arrêts, 16 juillet 1807, 2 avril 1810.)

Le Code pénal (art. 335), avons-nous dit plus haut, retire aux parents tout pouvoir sur la personne et les biens de l'enfant qui a été l'objet du crime. Nous croyons que cette condamnation doit être plus étendue qu'elle ne le paraît, d'après les termes de cet article.

CODE PÉNAL.

—

De la prescription extinctive de l'action publique et de l'action civile.
(637, 638, 640, 643.)

Un délit (le mot délit pris ici dans le sens le plus large d'infraction à la loi) peut donner lieu à une action publique intentée par le ministère public au nom de la société, et à une action civile intentée par la partie lésée pour demander des dommages et intérêts résultant du mal dont elle a été la victime.

Ces deux actions peuvent se prescrire.

La loi nouvelle a puisé les principes de cette prescriptibilité dans le code de 1791 et dans celui de brumaire an IV; elle l'a perfectionnée en graduant les délais pour prescrire sur la nature même du délit; mais elle n'a rien innové au code de brumaire quant à la manière commune d'éteindre l'action publique et l'action civile.

Ces délais emportent déchéance contre toute action, et une fois expirés, la société et la partie lésée n'ont nullement le droit de rechercher le coupable.

Les motifs de cette prescription sont pleins de justice. Pendant le laps de temps fixé par la loi, l'assassin, par exemple, torturé par les remords de sa conscience, continuellement placé dans la terrible alternative d'être reconnu ou non, comme l'auteur du crime, n'a-t-il pas déjà expié une partie de sa faute? Ces remords, ces craintes, qui sont le premier supplice du coupable, ne sont-ils pas souvent plus répressifs que les bagnes ou l'échafaud?

Cette prescription est surtout d'intérêt général. Le danger de laisser perdre les preuves de l'innocence et les moyens qui peuvent servir de justification à l'accusé en font comprendre toute l'importance.

Ces motifs peuvent s'appliquer à l'une et à l'autre prescription ; dans les deux actions, en effet, il s'agit toujours de rechercher l'auteur du délit, et la loi le défend. Cette défense était plus expresse sous l'empire du code de 1796. Il y était dit qu'après le terme fixé pour la prescription, nul ne pouvait être recherché, soit au criminel, soit au civil. Le juge devait la prononcer d'office. Il doit en être de même de nos jours.

La législation nouvelle ne reconnaît plus de crime imprescriptible. Tels étaient, autrefois, le crime de lèze-majesté, le duel, etc.

La prescription du Code d'instruction criminelle est graduée suivant .es distinctions établies entre les infractions à la loi. Elles se divisent, comme nous le savons, en crimes, délits, et contraventions.

La prescription de l'action civile et de l'action publique est de dix ans pour les crimes (637) ;

De trois ans pour les délits (638) ;

D'un an pour les contraventions (640).

Quant aux actions résultant de certains délits ou de certaines contraventions, prévues par des lois particulières, l'art. 643 défend de déroger à la prescription qui s'y rattache.

La prescription des crimes, délits, contraventions, est acquise à partir du jour où l'infraction à la loi a été commise.

Il est cependant des crimes continus ou successifs à l'égard desquels elle ne court point tant qu'on ne cesse pas de les commettre. La détention arbitraire (341 c. p.), le rapt (354 ibid.), sont dans ce cas. La bigamie ne saurait constituer un crime successif ; la bigamie consiste dans la célébration même du second mariage vicieux, et dès le moment de la célébration le crime est consommé. (Contre, arrêt du 5 septembre 1812, cass.)

En matière de délit, la loi ne reconnaît pas de délit continu. Le vol ne pourrait être considéré comme tel puisque le délit est commis par le seul fait de l'enlèvement frauduleux de la chose d'autrui.

La prescription de l'action publique et de l'action civile résultant de crimes et délits peut être interrompue par des actes valables d'instruction et de poursuites, encore que ces actes n'aient pas été suivis de jugement.

La prescription qui est interrompue ne commence à courir de nouveau qu'à compter du dernier acte; cette interruption frappe également ceux qui n'y seraient pas impliqués (637). Tels sont les complices.

La prescription d'un an pour les contraventions n'est interrompue par des actes de poursuites que tout autant que ces actes sont suivis d'un jugement définif; un jugement définitif; un jugement préparatoire ne l'empêcherait point de courir. Si le jugement définitif est en premier ressort, l'appel qui en est interjeté doit être vidé dans l'année de la notification; et toute action serait prescrite un an après. Quid si le jugement est cassé par la cour de cassation?

Cette thèse sera soutenue dans une des salles de la Faculté, le août 1851.

Vu par le président de la thèse,
DUFOUR.

Toulouse, imprimerie de Lagarrigue, rue Lafayette, 15.

www.ingramcontent.com/pod-product-compliance
Lightning Source LLC
Chambersburg PA
CBHW070755210326
41520CB00016B/4712